Thema der Arbeit:

Freiheit - Höchstes menschliches Gut oder Illusion?

Name des Schülers: Lorenzo Eyer

Seminararbeit im Seminarkurs

Philosophisch Theologisches Forum am Sozialwissenschaftlichen
Gymnasium an der Bodensee-Schule St. Martin

Verantwortlicher Lehrer: Hermann Schlenker

Abgabetermin: 08. April 2016 (08.04.16)

Bibliographische Information der Deutschen Nationalbibliothek:

Die Deutsche Nationalbibliothek verzeichnet diese Publikation

in der Deutschen Nationalbibliographie;

detaillierte bibliographische Daten sind im Internet abrufbar über:

<http://dnb.dnb.de

Umschlaggestaltung: Fotoarchiv Lorenzo Eyer

Herstellung und Verlag:

BoD – Books on Demand, Norderstedt

ISBN: 9783744890366

Inhaltsverzeichnis

1.) Einleitung des Themas und Erläuterung der Leitfrage

Sind wir wirklich frei? Oder ist das nur eine Illusion?

Die meisten Menschen gehen ohne Zweifel davon aus, dass sie einen freien Willen haben und durch ihn die Freiheit haben, eigene Entscheidungen selbstständig treffen zu können. Darauf basiert unser Gefühl der Freiheit und Unabhängigkeit.

Dennoch sind wir dabei von vielfachen inneren und äußeren Faktoren abhängig, die unsere Freiheiten beeinflussen und einschränken. Dazu gehören einerseits persönliche Wünsche, Erwartungen, emotionale Zustände, Grundbedürfnisse, die eigene Erziehung und Erfahrungen und andererseits Umwelteinflüsse von Fremderwartungen, Gesetzen, Vorschriften und gesellschaftliche Rollenmuster.

1.1 Definition von Freiheit und Determinismus

Man unterscheidet in der praktischen Philosophie zwischen der *negativen Freiheit,* der Freiheit von etwas, und der *positiven Freiheit,* der Freiheit zu etwas.

Die *negative Freiheit* ist die Fähigkeit des Menschen, aus eigenem Willen Entscheidungen zu treffen und die Unabhängigkeit von äußeren Einflüssen und Zwängen.

Die *positive Freiheit* geht in die Handlungsmacht über, d.h. dass die Freiheit auch durch jeden genutzt werden kann, jedoch an entsprechende Bedingungen gebunden ist wie z.B. Ressourcen oder Institutionen.

Der *Determinismus* ist eine These, welche besagt, dass alles menschliche Handeln, durch vorhergehende Ereignisse verursacht wird, und nicht durch die Ausübung des eigenen Willens, welcher nach dieser Auffassung durch innere und äußere Ursachen bestimmt wird. Der Determinismus wiederspricht der Willensfreiheit grundsätzlich.

1.2 Zielsetzung meiner Arbeit

- Moralische Grundsätze und Grenzen der Meinungs- und Willensfreiheit sowie Individualität der Menschen und deren Interessenkonflikte ansprechen.
- Normen und ihr paradoxes Verhältnis zur Freiheit gegenüberstellen.
- Vorteile und Einschränkungen durch Regeln und Gesetze zum Ausdruck bringen.
- Grenzen und Bedingungen für die Freiheit erläutern.
- Die Standhaftigkeit des Befolgens von Gesetzen, Regeln und Normen in der Gesellschaft kritisch hinterfragen.
- Wissenschaftlichen Theorien der Freiheit und des Determinismus erläutern und gegenüberstellen und anschließend mit meiner eigenen Meinung kritisch Stellungnehmen.
- Weitere Aspekte und Problembereiche verschiedener Freiheitsformen erläutern.
- Positive und negative Konsequenzen der Freiheitsgewährleistung durch staatliche Regulierung und Verantwortung abwägen.
- Lesern/Zuhörern zeigen, wie frei sie wirklich sind und zum Nachdenken anregen.
- Versuchen, die Leitfrage zu beantworten.

2.)Normen, Regeln und Gesetze

2.1 Definition und Begriffserklärung

Soziale oder gesellschaftliche Normen sind allgemein geltende Vorschriften, Anforderungen und Erwartungen von bestimmte Verhaltensweisen. Diese gelten als Richtlinien des menschlichen Handelns innerhalb eines sozialen Raums oder einer Gruppe.[1] Sie geben vor, wie sich ein Individuum in einer bestimmten Situation verhalten soll und welche Verhaltensweisen angemessen sind.

Diese Normen orientieren sich an weit verbreiteten Wertvorstellungen wie zum Beispiel konventionelle Gebräuche oder Sitten, welche das Zusammenleben in einer Gemeinschaft ermöglichen und regulieren.[2] Sie sind variabel, abhängig von kulturellen und sozialen Faktoren und daher nicht in jedem Land und jeder Gesellschaft gleich gültig. Des Weiteren können sich Normen und Regeln mit der Zeit und auch abhängig von der gesellschaftlichen Entwicklung verändern.

Die Einhaltung von diesen Regeln wird durch Belohnung oder Bestrafung reguliert. Derartige Sanktionen können durch andere Bürger, oder Autoritäten erfolgen. „Da sie jedoch nicht vom Gesetzgeber erlassen werden, ahndet der Staatsanwalt einen Verstoß gewöhnlich auch nicht."[3]

Anders ist es bei Gesetzen, welche in der Verfassung festgelegt sind und mit staatlicher Sanktionsmacht durchgesetzt werden. Diese regeln und ordnen rechtsverbindlich das Zusammenleben einer Gemeinschaft. Sie sind durch das Gesetzgebungsverfahren reguliert, welches die Verfassung vorschreibt.[4]

Wer also eine gesellschaftliche Sitte oder Norm verletzt, wird nicht strafrechtlich verfolgt. Beim Verstoß gegen ein Gesetz hingegen, drohen dem Individuum rechtliche Konsequenzen.

---

[1]*Vgl.: Wegmann, Nicole: In: http://www.hausarbeiten.de/faecher/vorschau/118764.html (letzter Zugriff: 02.04.16)*
[2]*Vgl.: ebd., (letzter Zugriff: 02.04.16)*
[3]*Phillip, Sabine: In: https://www.mittelstandswiki.de/wissen/Normen,_Richtlinien_und_Gesetze,_Teil_1 (letzter Zugriff:02.04.16)*
[4]*Vgl.: Deutscher Bundestag-Verfassungsorgan der Bundesrepublik Deutschland: In: https://www.bundestag.de/service/glossar/G/gesetze/245434 (letzter Zugriff: 02.04.16)*

2.2 Bringt Freiheit auch Pflichten nach sich?

In unserer Gesellschaft und speziell in Deutschland genießen die Bürger viele Rechte und Freiheiten, die eine Grundlage für ein zufriedenstellendes Leben darstellen.

Dazu zählen beispielsweise die Meinungsfreiheit, das Recht auf freie Rede und Pressefreiheit, Religionsfreiheit und das Recht auf den eigenen Glauben, Entscheidungsfreiheit bei der Berufswahl, das Recht auf Freizügigkeit, das Versammlungs- und Aufenthaltsrecht und weitere Rechte und Freiheiten. Diese sind u.a. im Grundgesetz der Bundesrepublik Deutschland (Artikel eins bis zwölf) festgelegt. Damit diese Freiheiten weiterhin bestehen bleiben können, müssen die Bürger auch eine Verantwortung tragen und verbindliche Pflichten einhalten, welche die Freiräume gewährleisten. Es gibt moralische (normabhängige) und gesetzliche Pflichten.

Jeder deutsche Staatsbürger hat mit Vollendung des 18. Lebensjahres das Recht eine politische Partei zu wählen. Mit dieser Entscheidung hat er die Möglichkeit im politischen Geschehen mitzuwirken. Daraus ergibt sich jedoch eine gewisse moralische Verantwortung gegenüber der Standhaftigkeit seiner politischen Einstellung.

Auch auf beruflicher Ebene bringen Freiheiten gewisse Pflichten einher. Wenn sich eine Person dazu entscheidet einen Beruf auszuführen, dann werden von ihm auch gewisse Kompetenzen wie z.B. Zuverlässigkeit, Pünktlichkeit, Vorkenntnisse und Einhaltungen von vorgegebenen Zeiträumen und Bedingungen etc. gefordert. Mit dem Unterschreiben eines Arbeitsvertrags geht der Arbeitnehmer somit diese Verpflichtungen ein. Dabei gibt es normative, aber auch gesetzliche Pflichten.

Ähnlich ist es auch im Privatleben und sozialem Miteinander. Ein Beispiel dafür ist das Zusammenleben in einer Familie. Wer sich also entscheidet, Kinder zu zeugen, der ist auch damit verpflichtet, diese ordnungsgemäß zu erziehen und für deren Unterhalt zu sorgen. Aber auch beim Mieten einer Wohnung hat der Mieter sowie der Vermieter gewisse Pflichten zu tragen, wie zum Beispiel die Einhaltung der Zahlungsfristen oder der Bedingungen der Hausordnung. Dabei gibt es besonders strenge gesetzliche Richtlinien.

Ein weiterer wichtiger Aspekt sind die umweltbezogenen Freiheiten und die damit verbundenen Verpflichtungen des Menschen. So hat jeder beispielsweise die Freiheit sich dort aufzuhalten, wo er möchte. Auf der anderen Seite wird jedoch von ihm erwartet, dass die Nutzung gemeinsamer und öffentlicher Plätze und Mittel nachhaltig und verantwortungsbewusst erfolgt. Ein Beispiel dafür wäre die Abfallentsorgung oder das Einhalten der Regeln für Naturschutzgebiete.

Daraus komme ich zu folgender Schlussfolgerung: Die Freiheit etwas tun zu können, bindet die Pflicht ein, etwas dafür tun zu müssen.

2.3 Normen und ihr paradoxes Verhältnis zur Freiheit.

Bei Normen handelt es sich um die Erwartungen einer Gruppe oder Gesellschaft an das Verhalten der in dieser lebenden individuellen Mitglieder. Für diese bedeutet diese Erwartungshaltung eine mehr oder weniger starke Eingrenzung ihres bewussten und unbewussten Entscheidungsspielraums. Ohne gewisse Normen wäre das Zusammenleben in unserer Gesellschaft jedoch nahezu unvorstellbar. Somit können Normen einerseits Grenzen, aber auch Bedingungen für Freiheit darstellen.

Die Soziologen Axel Honneth, Karl-Siegbert Rehberg und Heinrich Popitz haben sich mit dem Thema Normen und Freiheit wissenschaftlich auseinandergesetzt. Ich möchte im Folgenden einige Ansätze deren soziologischen Theorien als Grundlage zur Diskussion nehmen, inwieweit Normen die Freiheit des Einzelnen einschränken, oder ob sie sogar Bedingung für die Freiheit sind.

2.3.1 Einschränkungen der Freiheit

Alle gesellschaftlichen Normen haben eines gemeinsam: Sie fordern für eine bestimmte Situation ein spezifisches Verhalten. Nach dem Sozialwissenschaftler Karl-Siegbert Rehberg, ist eine Norm „eine spezielle Richtlinie, eine Regel, die aussagt, wie man sich in bestimmten Situationen verhalten soll"[5]. Wenn man jedoch eine andere Auffassung von der Sinnhaftigkeit gewisser Normen und Gesetzen hat, kann man schnell in Kritik und Konflikte geraten.

Wer sich also nicht an diese Erwartungshaltungen hält und ein von der Norm abweichendes Verhalten aufzeigt, riskiert die Einleitung von negativ wirkenden Maßnahmen, und somit die Möglichkeit mehr oder weniger stark bestraft zu werden.[6] Dies kann sowohl von der Polizei oder anderen Autoritäten, als auch von Mitbürgern erfolgen, die das erbrachte Verhalten als Norm- bzw. gesetzeswidrig ansehen.

Allein durch das Wissen, dass einem bei ‚Widerstand' solche Konsequenzen drohen, kann die individuelle Willens- und Entscheidungsfreiheit des Einzelnen (Andersdenkenden) stark eingegrenzt werden.

Dabei gibt es viele wichtige Aspekte der individuellen Freiheit, welche von diesen Einschränkungen betroffen sind. Zum Beispiel das persönliche freie und eigenständige Denken und die daraus resultierende Meinungsbildung einer Person. Diese kann schon sehr früh durch das Dasein von Normen unterdrückt werden und sich ab dem Zeitpunkt, an dem sich das Individuum an die sozialen Anforderungen und Erwartungen (widerwillig) angepasst hat, nicht mehr frei entwickeln. Dies kann im schlimmsten Fall zu traumatischen Erfahrungen oder Entwicklungsstörungen führen. Dieses Beispiel lässt sich mit dem Instanz Modell

---

[5]Rehberg, Karl-Siegbert: „Kultur" In: Lehrbuch der Soziologie. Frankfurt 2007, zitiert nach Thomas Hirschlein.
[6]Vgl.: Hirschlein, Thomas: In: http://soziologieblog.hypotheses.org/6722 (letzter Zugriff: 05.04.16)

von Sigmund Freud veranschaulichen. In diesem geht Freud von 3 Instanzen aus, welche die Entscheidungsfindung beeinflusst. Das Ich, das Es und das Über-Ich. Dabei stellt das Es die Triebe und Bedürfnisse des Menschen da, während das „Über-Ich" ständig nach dem gesellschaftlichen Idealbild strebt. Das Ich orientiert sich an Es und „Über-Ich" und versucht einen Ausgleich oder Kompromiss zwischen den beiden Instanzen zu finden. Wenn dies jedoch nicht geschieht, weil die Erwartungen des „Über-Ichs" nicht mit den Wünschen des Es vereinbart werden können, kann es zu einem inneren Konflikt kommen und die Person ist evtl. nicht mehr in der Lage, freie Entscheidungen nach eigenem Willen zu treffen. Diese Einschränkung widerspricht dem Freiheitsverständnis von Sozialwissenschaftler Axel Honneth. Dieser definiert die Freiheit des Einzelnen nämlich als „[puren], ungestörte[n] Akt des Entscheidens, [welcher] die daraus resultierende Handlung als »frei« [qualifiziert]."[7] Da die Entscheidungsfindung durch innere und äußere Einflüsse aber nicht ungestört ist, besteht nach Honneths Auffassung auch keine Freiheit.

Zusammenschließend lässt sich sagen, dass durch Normen wie gesellschaftliche Erwartungshaltungen und Anforderungen die individuelle Freiheit einer Person stark beeinträchtigt werden und innere Konflikte ausgelöst werden können, welche mehr oder weniger dazu führen können, dass sich eine Person gezwungen fühlt, ein von außen gewünscht oder erwartetes Verhalten aufzuzeigen, dass sie selbst nicht will. Somit kann man der Aussage zustimmen, dass Normen Grenzen für die Freiheit darstellen.

2.3.2 Bedingung für die Freiheit

Andererseits lässt sich im Folgenden sagen, dass Normen nicht nur Grenzen, sondern auch als Bedingungen für Freiheit darstellen können.
Erwähnenswert ist dazu die Ansicht von Soziologen Heinrich Popitz, welcher von einem Doppelcharakter spricht. Popitz ist der Meinung, dass Normen veränderbar sind, da sie von Menschen geschaffen sind und ihnen somit auch verschiedene Handlungsmöglichkeiten zur Veränderung zur Verfügung stehen.[8] Des Weiteren erläutert Popitz die „soziale Produktivität" des Menschen, eine „Gestaltungskraft und Phantasie, mit der Menschen die Ordnungen ihres Lebens entwerfen, [...] Bedingungen umformen und sich selbst in ihrem Verhalten stilisieren".[9]
Auf der anderen Seite stellt er dabei einen möglichen „Zwang zur Gestaltung" fest und ist der Meinung, „[...]die Antwort, die gegeben werden muss ist produktiv

---

[7]Honneth, Axel: In: http://soziologieblog.hypotheses.org/6722, zitiert nach Thomas Hirschlein. (letzter Zugriff: 06.04.16)
[8]Vgl.: Hirschlein, Thomas: In: http://soziologieblog.hypotheses.org/6722 (letzter Zugriff: 06.04.16)
[9]Popitz, Heinrich: In: http://soziologieblog.hypotheses.org/6722, zitiert nach Thomas Hirschlein (letzter Zugriff: 06.04.16)

nicht nur im Sinne der Wahl innerhalb eines Spielraums von Möglichkeiten, sondern vor allem als Entscheidung, durch die der Mensch sich selbst festlegt und formt, sich sozial selbst definiert."[10] Das heißt, dass das Individuum trotz der erwarteten Anpassung durch Normen eigene Entscheidungen treffen kann, wodurch er seine eigenen Ansichten und Denkweisen selbst definieren und gestalten kann. Demnach ist die Gegebenheit von gesellschaftlichen Normen eine Bedingung zur Entfaltung der individuellen Persönlichkeit des Einzelnen.

Diese Bedingung für Freiheit, basiert nach Popitz' Auffassung auf einem personenübergreifenden Prinzip, welches er als „das Sich-selbst-Feststellen des Menschen als soziales Wesen[...]"[11] bezeichnet. Dieses besagt, dass die soziale Freiheit einer Person nur dann gegeben ist, wenn die Mitglieder in seinem sozialen Umfeld ihr Verhalten wahrnehmen, bewerten und anerkennen können und eine Interaktion zwischen den Mitgliedern innerhalb einer Gesellschaft oder eines sozialen Raums möglich ist. So sind auch Meinungsunterschiede und andere Differenzen zwischen den einzelnen Individuen wichtig und tragen somit als Bedingung zur „Freiheitsbildung" bei.

Eine ähnliche Argumentation wie von Heinrich Popitz beinhaltet auch das Freiheitsverständnis vom Sozialwissenschaftler Axel Honneth, welcher durch seine Definition der negativen Freiheit (in 2.3.1 genannt) Normen eigentlich grundsätzlich als Grenzen der Freiheit benennt. Honneth ist jedoch der Ansicht, dass es eine soziale Institution bedarf, „die die Subjekte sich derart aufeinander beziehen lässt, dass sie ihr Gegenüber als Anderen ihrer Selbst begreifen können."[12]

„»Frei« ist das Subjekt letztlich allein dann, wenn im Rahmen institutioneller Praktiken auf ein Gegenüber trifft, mit dem es ein Verhältnis wechselseitiger Anerkennung deswegen verbindet, weil es in dessen Zielen eine Bedingung der Verwirklichung seiner eigenen Ziele erblicken kann. In der Formel »Bei-sich-selbst-Sein im Anderen« ist als eine Bezugnahme auf soziale Institutionen immer schon mitgedacht, als nur eingespielte, verstetigte Praktiken die Gewähr dafür bieten, dass die beteiligten Subjekte sich wechselseitig als Andere ihrer Selbst anerkennen können; und nur eine solche Form der Anerkennung ist es, die dem einzelnen ermöglicht, seine reflexiv gewonnenen Ziele überhaupt umsetzen und verwirklichen zu können."[13]

Demnach ist eine Person erst dann frei, wenn sie innerhalb eines sozialen gesellschaftlichen Raums, welcher institutionelle Einrichtungen wie Schulen,

---

[10]Popitz, Heinrich: In: http://soziologieblog.hypotheses.org/6722, zitiert nach Thomas Hirschlein (letzter Zugriff: 07.04.16)

[11]Popitz, Heinrich: In: (ebd.) zitiert nach Thomas Hirschlein (letzter Zugriff: 07.04.16)

[12]Honneth, Axel: In: (ebd.) zitiert nach Thomas Hirschlein (letzter Zugriff: 07.04.16)

[13](ebd.) zitiert nach Thomas Hirschlein (letzter Zugriff: 07.04.16)

Behörden, Vereine o.ä. beinhaltet, mit anderen darin lebenden Mitgliedern durch gegenseitige Anerkennung interagieren kann. Die Bedingung der Freiheit liegt hier speziell auf der Reflexion des Verhaltens von anderen Personen in Bezug auf die Verwirklichung der eigenen Ziele. Somit wäre nach Honneths Freiheitsverständnis auch keine Freiheit in völliger Isolation und Abtrennung von der Zivilisierung möglich.

Abschließend lässt sich sagen, dass die Auffassung von Honneth und Popitz von der Bedingung eines wechselseitigen Verhältnisses zwischen den in einer Gesellschaft lebenden Personen ausgeht, welches eine Freiheit durch Anerkennung der individuellen Entscheidungsfindungen innerhalb eines normativ geregelten und begrenzten Raums der Entscheidungsmöglichkeiten gewährleistet. Ob dies eine berechtigte Definition von Freiheit ist, bleibt zu kritisieren.

Meiner Meinung nach wird in dieser Argumentation vielmehr von einer Freiheitsfindung bei begrenzten Auswahlmöglichkeiten geredet, als von uneingeschränkter Freiheit. Das o.g. Freiheitsverständnis in den Argumentationen der Soziologen Honneth und Popitz lässt sich mit folgendem Beispiel vergleichen: Beim Einkaufen in einem Kleidungsgeschäft gibt es i.d.R. ein großes und vielseitiges Sortiment, welches aber dennoch vorgegeben und begrenzt ist. Der Kunde kann also das kaufen, was ihm gefällt aber hat dabei nur eine begrenzte Auswahl an Entscheidungsmöglichkeiten. Durch den Kauf und das Benutzen (Tragen) bestimmter Artikel, die dem Kunden gefällt, bildet er einen eigenen Stil, der von anderen Personen automatisch wahrgenommen und bewertet wird. Hierbei strebt das Individuum nach Anerkennung und versucht sich selbst zu verwirklichen, aber die Möglichkeiten dafür sind trotzdem vorgegeben und begrenzt. Ebenso wie bei der Entscheidungsfindung unter dem Einfluss von Normen und Vorschriften, welche eine gewisse Freiheit an Möglichkeiten bieten, den Entscheidungsspielraum dennoch eingrenzen.

Da dieser Komplex eine Abhängigkeit von Vorgaben beinhaltet, kann von Freiheit nicht die Rede sein. Die beschriebene Bedingung für Freiheit, lässt sich meines Erachtens auch nicht nachvollziehen, da die Gegebenheit von Normen in diesem Kontext verstärkt eine einschränkende Voraussetzung für die Bedingung der Freiheit darstellt. Somit widerspricht sich dieses Freiheitsverständnis, da eine Voraussetzung automatisch eine Begrenzung beinhaltet.

-

3.) Ethische und moralische Konfliktbereiche
3.1 Das Befolgen von Gesetzen und gesellschaftlichen Normen

3.1.1 Interessenkonflikte und Beteiligte:

Durch Interessen- und Meinungsverschiedenheiten kann es zu mehr oder weniger großen Konflikten zwischen den beteiligten Parteien kommen.
Dabei betroffen sind grundsätzlich jeder, der mit bestehenden Einschränkungen unzufrieden ist und diejenigen die dazu beitragen. Meistens sind das normale Bürger, Opfer, Geschädigte, Kritiker, Menschenrechtsvertreter und auf der anderen Seite staatliche Institutionen, Beamte und andere Autoritäten.

Ein Beispiel für solch einen Interessenkonflikt könnte das Einhalten von gesetzlich vorgegebenen Verkehrsregeln sein. Oftmals haben Autofahrer individuelle Ansichten gegenüber der Sinnhaftigkeit dieser Regeln und halten sich deshalb bewusst nicht daran. So wird zum Beispiel das Tempolimit in der Eile oder wegen anderen persönlichen Gründen oft nicht eingehalten oder man parkt sein Auto auf einem nicht dafür vorgesehenen Platz, weil man andere Ansichten oder Gründe dafür hat, das Verbot nicht einzuhalten, da dies in dieser Situation für einen keinen Sinn ergibt.

Ein weiteres Beispiel sind Haus- und Schulordnungen, die Regeln und Vorschriften festlegen, welche das Schulsystem einer jeweiligen Schule regulieren. Hier besteht dasselbe Problem: Die Schüler halten sich nicht an die Vorschriften und ignorieren absichtlich Verbote wie etwa das Kaugummikauen oder das Handyverbot. Sie haben individuelle Vorstellungen vom Ausführen dieser Handlungen und sehen selbst keinen Grund für die Einhaltung und Sinnhaftigkeit dieser Vorschriften. Weitere wichtige Punkte sind das Rauchen und das Anschauen von Filmen in einem Alter, welches nicht der gesetzlichen Vorschrift entspricht. Die meisten Raucher fangen schon im Jugendalter unter 18 Jahren an zu rauchen. Laut einer aktuellen Studie der Bundeszentrale für gesundheitliche Aufklärung liegt die Raucherquote bei Jugendlichen im Alter von 12 und 17 Jahren (Stand: 2014) bei etwa 10 Prozent.[14] Das Rauchen unter 18 Jahren wird trotz Verbots gesellschaftlich fast voll und ganz akzeptiert, was wiederum eine gewisse Freiheit gewährleistet. Ähnlich ist es bei der Einhaltung der FSK (Freiwillige Selbstkontrolle). Diese legt fest, welches Filmmaterial für welche Altersstufe geeignet ist. Hierbei entscheiden oft die Eltern, was sie ihrer Meinung nach ihren Kindern erlauben und wo sie Grenzen setzen. Die Freiheit liegt also in der Hand der Erziehungsberechtigten.
Es ist zu erwähnen, dass das Normen, Regeln und Gesetzen meist heimlich gebrochen werden und die Betroffenen versuchen, nicht von den Autoritäten

---

[14]*Vgl.: Orth, B., Töppich, J. (2015): In:* http://www.bzga.de/forschung/studien-untersuchungen/studien/suchtpraevention/ *(letzter Zugriff: 31.03.16)*

erwischt zu werden. Dabei besteht fast immer die Tatsache, dass die Autoritäten wissen, dass ein Interessenkonflikt und/oder Meinungsverschiedenheiten bestehen. Oftmals wollen diese Autoritäten und Beamten jedoch Konflikte vermeiden und sehen deshalb absichtlich weg. Dadurch entziehen sie sich ihrer Pflicht, die Vorschriften und Gesetze durchzusetzen und brechen somit wiederum andere Vorschriften und Regeln, die ihnen durch ihre Vorgesetzten erteilt wurden.

Anhand dieser Beispiele kann man sehr gut erkennen, dass zwischen den Beteiligten von Interessenkonflikten auf beiden Seiten mehr oder weniger gleichermaßen widrig gehandelt wird. Somit zeigt sich, dass man festgelegte Normen, Regeln und Gesetzte nicht zu hundert Prozent durchsetzen kann, da es immer individuelle Meinungen und Ansichten gibt, die im Konflikt mit den einzuhaltenden und durchzusetzenden Vorschriften und Pflichten stehen.

3.1.2 Konsequenzen und Handlungsmöglichkeiten:

Bei solchen Konflikten gibt es verschiedene Möglichkeiten, die eine Partei dabei unterstützen können, ihre Interessen durchzusetzen. Darunter fallen z.B. Klagen, Proteste, Streiks, Bürgerinitiativen, und Petitionen.
Folgen können beispielsweise Urteile, Gerichtsbeschlüsse, Kompromisse, Gewinnen von Befürwortern und die Einleitung geforderter Maßnahmen sein.
Ebenso kann das Brechen von Gesetzen, Regeln und gesellschaftlichen Normen negative Konsequenzen nach sich ziehen.

Zum Beispiel kann man beim Überschreiten der Geschwindigkeitsbegrenzung geblitzt werden, oder beim Falschparken einen Strafzettel erteilt bekommen. In beiden Fällen, drohen je nach Ausmaß der Ordnungswidrigkeit oder Straftat verschiedene Strafen. Ebenso ist es bei Drogenkonsum, oder dem Rauchen unter 18 Jahren. Anders ist es beim Anschauen von Filmen in einem Alter, welches nicht der FSK-Empfehlung entspricht. In diesem Fall dürfen die Erziehungsberechtigten über die Freiheiten ihrer Kinder entscheiden.
Falls man also aus eigenem Willen norm- oder gesetzeswidrig handelt, sollte man sich den möglichen Konsequenzen bewusst sein, die daraus resultieren können.

An dieser Stelle wird wieder klar, dass trotz der bestehenden Möglichkeiten nach eigenem Willen widrig zu handeln, ohne dabei erwischt zu werden, die Entscheidungsfreiheit deutlich eingegrenzt wird.

Anders als bei gesellschaftlichen Normen gibt es auch die Möglichkeit gegen freie und festgelegte Regeln, Vorschriften und Gesetze vorzugehen. Dies könnte beispielsweise ein Streik gegen den Arbeitgeber sein. Hierbei werden von Arbeitnehmern (meist in Gewerkschaften) Rechte oder die Einleitung von bestimmten Maßnahmen vom Arbeitgeber gefordert. Bespiele dafür könnten z.B. zu lange Arbeitszeiten oder ein zu niedriger Lohn sein. Des Weiteren besteht auch die Möglichkeit eine Sammelklage zu erheben oder eine Bürgerinitiative zu Gründen. Diese Handlungsmöglichkeiten, treten meist im Interessenkonflikt mit staatlichen Institutionen ein. Erwähnenswert ist auch, dass die Freiheit besteht, gegen erhaltene Konsequenzen und Strafen rechtlich vorzugehen. Ein Beispiel dafür wäre, sich gegen eine polizeiliche Strafe mit einer Gegenklage zu wehren.

Zusammenfassend lässt sich sagen, dass es auf der einen Seite Konsequenzen für entsprechendes Fehlverhalten gibt, auf der anderen Seite aber auch Handlungsmöglichkeiten bestehen, um gegen Fehlverhalten (einer vermeintlich stärkeren Partei) aktiv vorzugehen.

3.1.3 Unterschiede zwischen Geltungsbereichen:

Zu beachten ist, dass Normen, Rechte und Gesetze, sowie vorhandene Mittel zur Interessensverwirklichung von Land zu Land unterschiedlich sind und die verschiedenen Aspekte der Freiheit dadurch stark variieren und nicht überall gleich gelten und gerecht verteilt (im Gleichgewicht) sind.

Länder des Nahen Ostens wie etwa Saudi-Arabien, Syrien und Israel weisen im Gegensatz zu europäischen Ländern erhebliche Unterschiede in der Gestaltung und Handhabung von Gesetzen und gesellschaftliche Normen auf. Die Regierung legt besonderen Wert auf die islamische Religion, sowie die strenge Einhaltung religiöser Vorschriften.

Als Grundlage für die Gemeinschaft der Muslime gilt der Rechtsrahmen der sog. Scharia. Einige radikale Muslime und vor allem Mitglieder der Terrororganisation „Islamischer Staat" sind davon überzeugt, dass die Scharia der alleinige Maßstab der Gesetze ist. Die Scharia legt unterschiedliche Regeln für Muslime und Nichtmuslime fest. Zum Beispiel hat die Aussage eines Muslims vor Gericht mehr Gültigkeit, als die eines Christen. Der Austritt aus dem Islam ist gemäß der Scharia verboten, während der Wechsel von anderen Religionen zum Islam als Religionsfreiheit gilt. Diese und weitere Forderungen stoßen in vielen islamischen Ländern auf starken Widerstand. [15]

„Problematisch ist insbesondere die Diskriminierung und teilweise Verfolgung von großen muslimisch geprägten Religionsgemeinschaften"[16] Des Weiteren werden Nicht-Muslimen gegenüber diskriminierende Vorschriften erteilt. So ist die Heirat zwischen einer muslimischen Frau und einem Nicht-Muslim nicht erlaubt.

---

[15]Vgl.: Ficicchia, Francesco: In: http://relilex.de/scharia/ (letzter Zugriff: 01.04.16)
[16]http://www.humanrights.ch/de/menschenrechte-themen/islam/spannungsfelder/religionsfreiheit/ (letzter Zugriff: 01.04.16)

Muslimische Männer habe im Gegensatz zu muslimischen Frauen das Recht, auch eine Jüdin oder Christin zu heiraten.[17]

Auf gesellschaftlicher Ebene, ist die Frau dem Mann unterworfen. So hat der Mann mehr Freiheiten und Rechte im Bereich Ehe, Erbe und weiteren Entscheidungen. Sogar vor Gericht hat das Wort einer Frau weniger Gültigkeit als das eines Mannes.[18] Ein weiterer Aspekt, ist die Informations- und Meinungsfreiheit in arabischen Ländern, die stark zu kritisieren ist. So werden beispielsweise im Iran sämtliche Internetseiten und Medien kontrolliert und überwacht. Wer öffentlich die Existenz Gottes anzweifelt, den Islam ablehnt, oder Kritik am Koran oder staatlichen Autoritäten äußert, wird schwer bestraft. In einigen islamischen Ländern (u.a. Saudi-Arabien), kann ein solches Vergehen sogar zur Todesstrafe führen.[19]

Die Strafen sind sehr hoch angesetzt und nicht mit denen der Bundesrepublik Deutschlands und anderen europäischen Ländern zu vergleichen. Bei Diebstahl, Alkoholkonsum, und die Abkehr vom Islam kommt es oft zu Stockschlägen, Auspeitschungen, Steinigungen und sogar zu Amputation von Körperteilen. Straftaten wie Körperverletzung oder Mord, wird oftmals mit dem Zufügen der gleichen erlittenen Verletzung bis zu Hinrichtungen bestraft.[20] Des Weiteren gilt die Homosexualität als Straftat und wir im schlimmsten Fall mit der Todesstrafe bestraft, wodurch die Menschenrechte stark verletzt werden.

Zusammenfassend kann man sagen, dass es sehr gravierende Unterschiede bei Normen, Regeln und Gesetzen, sowie deren Vollstreckung zwischen europäischen und nah östlichen Ländern wie Arabien gibt und welche Auswirkungen diese auf die Freiheit der Menschen haben. An dieser Gegenüberstellung sieht man deutlich, wie ungleichmäßig die Menschenrechte auf der Welt verteilt sind, bzw. wie stark die Gegebenheiten dieser variieren.

---

[17]*Vgl.: ebd., (letzter Zugriff: 01.04.16)*
[18]*Vgl.: Ficicchia, Francesco: In: http://relilex.de/frau-islam/ (letzter Zugriff: 01.04.16)*
[19]*Vgl.: http://www.humanrights.ch/de/menschenrechte-themen/islam/spannungsfelder/meinungsaeusserungsfreiheit/ (letzter Zugriff: 01.04.16)*
[20]*Vgl.: http://www.humanrights.ch/de/menschenrechte-themen/islam/spannungsfelder/koerperstrafen/ (letzter Zugriff: 01.04.16)*

4.) Wissenschaftliche Theorien zur Willensfreiheit und Determinismus

4.1 Der Kompatibilismus nach David Hume & Immanuel Kant

Die philosophische Debatte um die Willensfreiheit beinhaltet verschiedene Theorien und Argumentationen. Im Folgenden wird die Kompatibilität der Freiheit und des Determinismus anhand der Theorien der beiden Philosophen David Hume und Immanuel Kant erläutert.

Die These des Kompatibilismus besagt, dass die Willensfreiheit und der Determinismus miteinander vereinbar sind. Sie wird auch weicher Determinismus genannt. David Humes Freiheitsverständnis basiert einerseits auf der Gegebenheit der Möglichkeit nach freiem Willen agieren zu können und man nicht durch äußere Zwänge daran gehindert wird, so zu handeln, wie man es selbst wünscht. Andererseits beruht seine Auffassung auf der Einteilung von wahrgenommenen inneren und äußeren Sinneseindrücken und den daraus resultierenden Vorstellungen einer Person. Dabei sind die Eindrücke als Bedingung für die Vorstellungen zu sehen.[21]

Diese notwendigen Eindrücke bilden nach dem Determinismus die Ursache einer Folge, welche immer gleichermaßen abläuft. Somit ist jede Handlung einer Person immer von einer vorhergehenden Ursache bestimmt.
Die Kausalität (Notwendigkeit der Eindrücke; Ursache) basiert nach Humes dabei grundsätzlich auf den Gesetzen der Natur: „Es wird allgemein anerkannt, dass die Materie in allen ihren Vorgängen durch eine notwendige Kraft getrieben wird, und dass jede Wirkung in der Natur so genau durch die Energie ihrer Ursache bestimmt ist, dass unter diesen besonderen Umständen das Eintreten keiner anderen Wirkung möglich wäre. Den Grad und die Richtung jeder Bewegung schreiben die Naturgesetze mit [großer] Genauigkeit vor[...]."[22]

Der wichtigste Aspekt in Humes Freiheitstheorie ist seine Auffassung einer Notwendigkeit im Wollen und Handeln. Er beschreibt, dass wir nach unserem Willen nicht frei handeln können, da uns die Entscheidungsfreiheit des Handelns durch die zeitlich zurückliegenden Geschehnisse genommen werden, ohne dies bewusst wahrzunehmen. „Wir empfinden, dass in den meisten Fällen unsere Handlungen unserm Willen untertan sind, und bilden uns ein, zu empfinden, dass der Wille selbst niemandem untertan ist."[23] Seiner Meinung nach können wir also nicht wollen, was wir wollen, weil wir nicht über die Macht verfügen zu entscheiden was will wollen.

---

[21] Vgl.: Kulenkampff, Jens: David Hume. 2., S.30, zitiert nach Kristian Saber, In: http://www.grin.com/de/e-book/134818/david-humes-kompatibilismus-im-lichte-der-modernen-hirnforschung (letzter Zugriff: 15.04.16)
[22] Hume, David: Untersuchung, VIII, S. 98, zitiert nach Jasper Liptow, In: http://user.uni-frankfurt.de/~seel/material/vor_ws0506/Hume.pdf (letzter Zugriff: 15.04.16)
[23] (ebd.) S. 112, zitiert nach Jasper Liptow, In: (ebd.) (letzter Zugriff:15.04.16)

Des Weiteren betrachtet Humes eine Kausalität als notwendige Bedingung für Freiheit und geht dabei von einem alleinigen Begriff der Ursache aus: „Zeigten die Dinge nicht einen regelmäßigen Zusammenhang untereinander, so hätten wir niemals einen Begriff von Ursache und Wirkung gebildet; und dieser regelmäßige Zusammenhang ruft jene Ableitung durch den Verstand hervor, welche die einzige Verknüpfung ist, die wir zu begreifen vermögen."[24]

David Humes Freiheitsverständnis geht also einerseits von der Auffassung der negativen Freiheit aus, beinhaltet andererseits aber eine Determination als Bedingung für die Freiheit, indem er sagt, dass Freiheit eine Notwendigkeit (Kausalität) bedarf.

Eine ähnliche, aber dennoch differenzierte Sichtweise auf Freiheit und Determination erläutert auch der deutsche Philosoph Immanuel Kant und vertritt damit (wie Humes) den Kompatibilismus. Er ist der Meinung, dass die Notwendigkeit der Bestimmungen der Existenz im Verhältnis der Kausalität der Freiheit kontradiktorisch[25] widerspricht.[26] „Denn aus der Ersteren folgt: Dass eine jede Begebenheit, folglich auch jede Handlung die in einem Zeitpunkte vorgeht, unter der Bedingung dessen, was in der vorhergehenden Zeit war, notwendig sei."[27] Da die Geschehnisse in der Vergangenheit nicht mehr beeinflussbar sind, ist ein freies Handeln in der Gegenwart nach Kant nicht möglich und die vergangenen Geschehnisse sind für das gegenwärtige Handeln notwendig. „Denn in jedem Zeitpunkte stehe ich doch immer unter der Notwendigkeit, durch das zum Handeln bestimmt zu sein, was nicht in meiner Gewalt ist, und die a parte priori[28] unendliche Reihe der Begebenheiten, die ich immer nur, nach einer schon vorherbestimmten Ordnung, fortsetzen, nirgend von selbst anfangen würde, wäre eine stetige Naturkette, meine Kausalität also niemals Freiheit."[29]

Demzufolge könnte man annehmen, dass ein Mörder, der eine Person umgebracht hat, diese Tat aufgrund der Naturnotwendigkeit getan hat, da es einen Zeitpunkt in der Vergangenheit gab, aus der diese Handlung unvermeidlich hervorgeht. An dieser Stelle weist Kants Freiheitsverständnis einen Konflikt zwischen moralischen Gesetzen und der Gesetze der Kausalität auf und es stellt sich die Frage, wie man beschließen kann, dass die Tat hätte unterlassen werden können, weil sie gesetzlich und moralisch hätte unterlassen werden müssen.[30]

---

[24](ebd.) S. 113, zitiert nach Jasper Liptow, In: (ebd.) (letzter Zugriff:15.04.16)
[25]Sich gegenseitig aufhebend
[26]Vgl.: Dr. Eva-Maria Sewing: Freiheit, Philosophische Ethik, 1. Aufl. 3. Druck, Berlin 2011, S. 26
[27]Kant, Immanuel: Kritik der praktischen Vernunft, zitiert nach Dr. Eva-Maria Sewing Freiheit, Philosophische Ethik, 1. Aufl. 3. Druck, Berlin 2011, S. 26
[28]Von früher her bestimmend
[29]Kant, Immanuel: (ebd.) zitiert nach Dr. Eva-Maria Sewing Freiheit, (ebd.)
[30]Vgl.: Dr. Eva-Maria Sewing: Freiheit, Philosophische Ethik, 1. Aufl. 3. Druck, Berlin 2011, S. 26

Daraus lässt sich schließen, dass die Freiheit nach Kant abhängig von den moralischen und ethischen Werten ist, die ein Individuum für sich selbst als richtig oder falsch festlegt. Dadurch sieht sich das Individuum gezwungen so zu handeln, wie es den moralischen Werten entspricht, welche es verfolgt und demnach eine bestimmte Entscheidung zu treffen. Somit ist es in seiner Entscheidungsfreiheit eingeschränkt. Nach Kant ist Moralität also nur möglich, wenn die Freiheit besteht entsprechend handeln zu können.

4.2 Persönliche Meinung und Perspektive

Meiner Meinung nach sind die beiden Freiheitstheorien der Philosophen David Hume und Immanuel Kant im Großen und Ganzen nachzuvollziehen und basieren grundsätzlich auf ähnlichen Prinzipien. Die Unterschiede zeigen sich mehr in der differenzierten Definition und Bestimmung was Freiheit ist, als im Kausalitätsverständnis, welches von beiden grundlegend gleich erklärt wird.
Dennoch habe ich einige Kritikpunkte, welche ich im Folgenden erläutern werde.

Der Theorie von David Hume, dass die Willensfreiheit eine Illusion sei, weil durch die Kausalgesetzlichkeiten schon vorherbestimmt sei, wie wir uns entscheiden werden (und in dem Fall wollen), stimme ich grundsätzlich zu, komme aber zum Schluss, dass bei der unbewussten, vorzeitigen und psychischen Willensbildung noch weitere zahlreiche Faktoren eine Rolle spielen, welche die Willensbildung und die daraus resultierende Entscheidungsfindung beeinflussen. Humes Auffassung und Erklärung in Bezug auf die Neurophysiologie und Psychologie (welche sehr komplex und undefiniert sind), ist meiner Ansicht nach zu rationalisiert und demnach nicht standhaft. Die mentalen und psychologischen Vorgänge im Gehirn fallen unter keine festgelegten Gesetze und können somit nicht als universal und unabhängig definiert werden, wie Humes es tut.

Auch Immanuel Kants Freiheitsverständnis weist Kritikpunkte auf. Die Kausalität und das Prinzip der moralischen Entscheidungsfreiheit nach Kant widersprechen sich, weil erstere universal immer gleich gültig ist, und das Handeln einer Person durch eine Naturnotwendigkeit aus der Vergangenheit immer vorgegeben ist, während letztere (die moralischen Gesetze/Werte einer Person) einen Entscheidungsspielraum zwischen mehreren Möglichkeiten bietet, wie man sich in einer Situation verhalten kann. Die Entscheidungsfindung ist, wie Kant schon richtig andeutet in diesem Falle durch das Streben des Individuums nach einem persönlich definierten „richtigen" Handeln zwar grundsätzlich eingeschränkt, bietet aber auch die Möglichkeit sich gegen seinen Wertemaßstab für das „Falsche" zu entscheiden. Zum Beispiel würde sich eine Person, die von einer anderen bewaffneten Person bedroht, und aufgefordert wird eine moralisch verwerfliche Tat zu begehen eher für das Gegenteil entscheiden, begeht aber die geforderte Tat trotzdem, da sie Angst davor hat, zu sterben, wenn sie sich anders entscheidet. Ein weiteres Beispiel gibt das Befolgen eines Gesetzes: Eine Person sieht sich durch die innere eigene Wertevorstellung dazu verpflichtet einen beobachteten Diebstahl zu melden, obwohl er sich auch für das Ignorieren dieses entscheiden könnte.

Demzufolge kann man schließen, dass es bei der Determination durch das Befolgen moralischer Gesetze in Dilemma Situationen dennoch einen Entscheidungsspielraum zwischen verschiedenen Möglichkeiten gibt, welche eine gewisse Handlungs- Willens- und Entscheidungsfreiheit des Individuums - wenn auch nur begrenzt - gewährleisten. Der innere Zwang zur Tendenz der „richtigen" Entscheidung basiert meiner Meinung nach nur auf der Angst vor drohenden negativen Konsequenzen bei einer „falschen" Entscheidung. Des Weiteren scheint Kant eine sehr ausgeprägte und stark detaillierte Sichtweise auf Dinge in seiner Philosophie aufzuweisen, begrenzt sich aber aus meiner Sicht zu sehr auf die Erforschung der Bedingungen der Möglichkeit von Erfahrung und lässt dabei andere wichtige Faktoren und Aspekte außer Acht. Deshalb ist es oft schwer ihm zu folgen und seine Thesen zu verstehen.

Ich befürworte dennoch den nicht-zeitlich-bedingten Charakter von Gesetzen und Erkenntnissen, welcher immer wieder im seinen Thesen hervorgehoben wird.

5.) Andere Aspekte von Freiheit

5.1 Soziale Freiheit vs. individuelle Freiheit

Freiheit ist ein weitläufiger und komplexer Begriff, welcher zahlreiche Aspekte beinhaltet und viele verschiedene Bereiche anspricht. Darunter wird auch zwischen einigen Freiheitsformen unterschieden. Im Folgenden werde ich die soziale Freiheit mit der individuellen Freiheit vergleichen.

Die soziale Freiheit wird durch die Entscheidungs- und Handlungsfreiheit definiert. Die individuelle Freiheit hingegen, setzt sich aus der eigenen individuellen Denkweise und Meinungsfreiheit zusammen, welche von Person zu Person stark variieren und nicht genau definiert werden kann.

Des Weiteren beinhaltet die individuelle Freiheit auch soziale Komponenten und die soziale Freiheit kann ebenso individuell sein. Somit kann man die beiden Begriffe nicht eindeutig trennen, sie lassen sich aber dennoch differenzieren.
Ein Aspekt der sozialen Freiheit wäre z.B. die Schulpflicht, welche jeder Person unter 18 Jahren gesetzlich vorschreibt eine Schule zu besuchen. Diese Pflicht schränkt die Freiheit in gewisser Hinsicht ein, bietet aber auch ein Recht auf Bildung, welches für das spätere Leben des Individuums sehr wichtig und meist unentbehrlich ist. Dies entspricht jedoch nicht zwingend der Auffassung von jedem Einzelnen und weicht oft von Wunschvorstellungen des eigenen Willens ab. Der eine vermag die Schulpflicht als Grenze seiner Freiheit sehen, der andere als Chance und Bedingung der Freiheit. Freiheitsverständnisse sind demnach immer subjektiv und individuell, können jedoch nicht immer ohne Grenzen und negative Konsequenzen ausgelebt werden.

Wenn eine Person mit einer Pflicht oder einem Verbot, welches im Rahmen von Gesetzen und Normen in einem System vorgegeben wird nicht einverstanden ist, kann es schnell zu Konflikten zwischen dessen individuellen Sichtweise und den äußeren Anforderungen kommen.
Ein weiteres Beispiel für die individuelle Freiheit wäre die sogenannte Lynchjustiz (oder auch Selbstjustiz), eine radikale Art ein individuelles Interesse durchzusetzen, indem man innerhalb eines Verbrechens selbstständig erhebliche Maßnahmen einleitet, ohne ein offizielles Gerichtsurteil oder –verfahren.

5.2 Demokratie als Staatsform der Freiheit

Die Ideologie eines demokratischen Staats geht grundsätzlich von der Herrschaft des Volkes aus und ist für viele Menschen weltweit das Idealbild der Regierungsformen für das Volk. Für eine Demokratie sind folgende Faktoren maßgeblich und unentbehrlich: „Die Garantie der Grundrechte jedes Einzelnen gegenüber dem Staat, gegenüber gesellschaftlichen Gruppen (insbesondere religiösen Gemeinschaften) und gegenüber anderen Einzelpersonen."[31] Die staatliche Gewalt ist in mehrere Gewalten aufgeteilt: Die legislative (gesetzgebende), die exekutive (vollziehende) und die Judikative (Recht sprechende) Gewalt.[32] Des Weiteren müssen in jeder Demokratie folgende Grundrechte gelten: „Allgemeines und gleiches Wahlrecht, Meinungs-, Presse- und Rundfunkfreiheit, Vereinsfreiheit, Versammlungs- und Demonstrationsfreiheit."[33]

Eine solche Staatsform haben wir auch in der Bundesrepublik Deutschland (BRD). Dabei ist es wichtig zu erwähnen, dass es verschiedene Formen der Demokratie gibt. In der BRD besteht eine repräsentative Demokratie, in welcher das Volk zwar in das politische Geschehen eingreifen kann, darin aber dennoch eingeschränkt ist. Jeder Bürger hat ein Wahlrecht und darf nach eigenem Willen eine Partei wählen, die mehr oder weniger seine Interessen vertritt.

An dieser Stelle ergibt sich folgender Kritikpunkt: Das Volk hat nicht die Macht über die Herrschaft des Landes, sondern nur die Politiker, die in den Bundestag kommen. Da der Bürger nur eine begrenzte Auswahl an Parteien hat, wird seine Entscheidungsfreiheit schon allein beim Wählen der Repräsentanten seiner Interessen eingeschränkt. Somit kann von Freiheit durch Demokratie nicht die Rede sein, weil diese durch o.g. Faktoren eingeschränkt ist.

Eine weitere Staatsform der Demokratie bildet die direkte Demokratie, welche z.B. in der Schweiz besteht. „Sie bezeichnet eine demokratische Herrschaftsform, bei der die politischen Entscheidungen unmittelbar vom Volk (z. B. in Volksversammlungen und durch Volksabstimmung) getroffen werden und lediglich Ausführung und Umsetzung der Entscheidung einer Behörde überlassen werden. Grundlegende Maxime der d. D. ist es, den Volkswillen so unverfälscht wie möglich in politische Entscheidungen münden zu lassen."[34]

Da hier die Entscheidungsfindung durch die Volksabstimmung deutlich freier ist, kann man bei dieser Form der Demokratie meiner Meinung nach von einer freien Demokratie sprechen, nicht aber von völliger autonomen Freiheit. Diesbezüglich halte ich die Position, dass eine völlige Autonomie des Volkes auf der einen Seite eine ideale Vorstellung ist, auf der anderen Seite jedoch nicht umsetzbar ist.

---

[31]*Jud, Markus: Was ist Demokratie? Grundzüge und Geschichte einer anspruchsvollen Staatsform, Luzern: 2004-2008 In:* http://demokratie.geschichte-schweiz.ch *(letzter Zugriff: 17.04.16)*
[32]*Vgl.: Jug, Markus: (ebd.) (letzter Zugriff: 17.04.16)*
[33]*Jud, Markus: (ebd.) (letzter Zugriff: 17.04.16)*
[34]*Schubert, Klaus/Martina Klein: Das Politiklexikon. 5., aktual. Aufl. Bonn: Dietz 2011, In:* http://www.bpb.de/nachschlagen/lexika/17361/direkte-demokratie *(letzter Zugriff: 17.04.16)*

6.) Persönliches Fazit

Nachdem ich in dieser Arbeit die verschiedenen Aspekte sowohl für als auch gegen die Freiheit erläutert und ausgearbeitet habe, möchte ich zunächst persönlich Stellungnehmen und anschließend versuchen, die Leitfrage meines Themas zu beantworten.

Meiner Ansicht nach kann man nie von vollkommener Meinungs- Willens- und Entscheidungsfreiheit sprechen, da diese immer durch unterschiedlichste Faktoren eingeschränkt sind. Es kann keine Meinungsfreiheit geben, weil wir unsere Meinung nur durch das bilden, woran wir glauben, bzw. durch die Aussagen, von denen wir denken, dass sie stimmen. Dies können, Gesetze, Normen, Werte und Vorschriften sein. Aber auch Aussagen von Autoritäten, Medien, Freunden, Verwandten, oder Prominenten beeinflussen unsere Meinungsfindung.
Auch eine Willensfreiheit ist meines Erachtens nicht möglich, weil wir durch die Gesetze der Kausalität nicht entscheiden können, wie sich unsere Zukunft und damit unser Handeln entwickelt. Wir glauben zwar, dass wir in einer Situation selbst entscheiden können, sind aber automatisch in dieser eingeschränkt, weil wir mehr oder weniger unfreiwillig in jene Situation geraten sind und innerhalb dieser nur eine begrenzte Anzahl an Auswahlmöglichkeiten haben, welche vorgeben wie wir uns entscheiden könnten. Allein durch die Gegebenheit eines begrenzten Entscheidungsspielraums wird unsere Willens- und Entscheidungsfreiheit grundsätzlich determiniert.

Auf gesellschaftlicher Ebene lässt sich sagen, dass wir durch ein soziales Idealbild der Anforderungen unserer Mitmenschen geprägt sind, wobei diese Erwartungshaltung zwischen den einzelnen Personen innerhalb einer Gesellschaft beidseitig vorherrscht und eine Anpassung an das Idealbild automatisch durch uns selbst erfolgt. Dieser Vorgang hat zufolge, dass sich Personen die zunächst (im Kindesalter) noch völlig frei und individuell in ihrer Persönlichkeit sind, gezwungenermaßen an das Idealbild der Gesellschaft (Über-Ich nach Freud) anpassen und in jedem Schritt der Integration und Erziehung in unser vorherrschendes System an Freiheit verlieren, sich frei entwickeln zu können. Unser System zwingt die Menschen sich so zu verändern und anzupassen, dass sie in einem breitgefächerten Kontext so funktionieren, dass dieses System aufrechterhalten werden kann.

Demnach ist Freiheit, nach der Definition nach eigenem Willen frei entscheiden und handeln zu können, ohne dabei durch äußere Zwänge eingeschränkt zu werden, nicht gültig. Da wir aber trotz der eingrenzenden Entscheidungsspielräume dennoch mehrere Möglichkeiten haben uns zu definieren, kann von einer Illusion auch nicht die Rede sein. Somit komme ich zu dem Schluss, dass Freiheit, ohne gleichzeitig bestehende determinierende Aspekte nicht möglich ist. Der Freiheitsbegriff weist also eine Ambivalenz zwischen Freiheit und Determination auf und sollte daher meiner Meinung nach neu definiert, betitelt werden, als solcher, der die Begriffe Freiheit und Determination als gegenseitige Bedingung für beide Begriffe kombiniert darstellt.

So komme ich zu dem Schluss, dass man die Leitfrage, und den Begriff der Freiheit nicht ohne Berücksichtigung der sich in ihr gegenseitig widersprechenden Aspekte klären kann. Dennoch ist die Freiheit aus meiner Sicht eines der höchsten menschlichen Güter, welches auf der ganzen Welt überall gleich gelten sollte.

Eigenständigkeitserklärung:

Hiermit versichere ich, dass ich diese Arbeit selbständig angefertigt und keine anderen als die von mir angegebenen Quellen und Hilfsmittel verwendet habe. Die Stellen der Arbeit, die dem Wortlaut oder dem Sinn nach anderen Werken entnommen sind, wurden unter Angabe der Quelle kenntlich gemacht.

_____   _____

Ort und Datum   Unterschrift

Quellenverzeichnis:

Internet:

Schockenhoff, Eberhard: Hirnforschung und Ethik im Dialog: Beruht die Willensfreiheit auf einer Illusion? 2012 In: http://www.kas.de/wf/doc/kas_5630-544-1-30.pdf?041103160018 (letzter Zugriff: 08.01.2016)

Franz M. Wuketits: „Der freie Wille. Die Evolution einer Illusion" In: https://zeitspiegel.wordpress.com/2012/08/17/der-freie-wille-eine-illusion/ (letzter Zugriff: 08.01.2016)

(Hrsg.): Springer Gabler Verlag, Gabler Wirtschaftslexikon, Stichwort: Freiheit, In: http://wirtschaftslexikon.gabler.de/Archiv/3206/freiheit-v7.html (letzter Zugriff: 08.01.2016)

Duden online In: http://www.duden.de/node/659815/revisions/1323701/view (letzter Zugriff: 08.10.2016)

Duden online In: http://www.duden.de/node/691291/revisions/1094779/view (letzter Zugriff: 09.01.2016)

Mayer, Matthias: Freiheit als Modell. Zur Debatte zwischen Philosophie und Neurowissenschaften, IZPP 2013: In: http://www.izpp.de/fileadmin/user_upload/Ausgabe_8_1-2013/IZPP_1-2013_Mayer.pdf (letzter Zugriff: 10.01.2016)

Orth, B., Töppich, J.: Rauchen bei Jugendlichen und jungen Erwachsenen in Deutschland 2014. Ergebnisse einer aktuellen Repräsentativbefragung und Trends. Bundeszentrale für gesundheitliche Aufklärung, 2015, Köln. In: http://www.bzga.de/forschung/studien-untersuchungen/studien/suchtpraevention/ (letzter Zugriff: 31.03.16)

Ficicchia, Francesco: Scharia, Steinau: rpi-virtuell 2016: In: http://relilex.de/scharia/ (letzter Zugriff: 01.04.16)

Ficicchia, Francesco: Scharia, Steinau: rpi-virtuell 2016: In: http://relilex.de/frau-islam/ (letzter Zugriff: 01.04.16)

Informationsplattform humanrights.ch (Hrsg.): Verein Humanrights.ch / MERS, Spannungsfelder. 1999: In: http://www.humanrights.ch/de/menschenrechte-themen/islam/spannungsfelder/ (letzter Zugriff: 01.04.16)

Wegmann, Nicole: Ist ein Leben ohne Werte, Normen und Gesetze möglich? München: GRIN Verlag 2006: In: http://www.hausarbeiten.de/faecher/vorschau/118764.html (letzter Zugriff: 02.04.16)

Philipp, Sabine: Normen, Richtlinien und Gesetze, Teil1, Bad Aibling: just 4 Business GmbH In: https://www.mittelstandswiki.de/wissen/Normen,_Richtlinien_und_Gesetze,_Teil_1 (letzter Zugriff: 02.04.16)

Störrle, Greißl, Hopf: Grundkurs Soziologie B.A. Sozialwissenschaften, Universität Augsburg: 2007: In: https://www.philso.uni-augsburg.de/lehrstuehle/soziologie/sozio1/medienverzeichnis/Bosancic WS 07 08/G K Mi PP Werte.pdf (letzter Zugriff: 02.04.16)

(Hrsg.): Deutscher Bundestag-Verfassungsorgan der Bundesrepublik Deutschland 2016: In: https://www.bundestag.de/service/glossar/G/gesetze/245434 (letzter Zugriff: 02.04.16)

Schneider, Gerd und Toyka-Seid Christiane: Lynchjustiz, Bonn: 2012: In: https://www.hanisauland.de/lexikon/l/lynchjustiz.html (letzter Zugriff: 14.04.16)

Hirschlein, Thomas: Normen und ihr paradoxes Verhältnis zu Freiheit. Saale: Soziologiemagazin e.V. 2014: In: http://soziologieblog.hypotheses.org/6722 (letzter Zugriff: 07.04.16)

Saber, Kristian: David Humes Kompatibilismus im Lichte der modernen Hirnforschung, München: GRIN Verlag 2006: In: http://www.grin.com/de/e-book/134818/david-humes-kompatibilismus-im-lichte-der-modernen-hirnforschung (letzter Zugriff: 15.04.16)

Prof. Dr. Martin Seel, (Dr. Jasper Liptow): Vorlesung: Willensfreiheit, Universität Frankfurt: 2005: In: http://user.uni-frankfurt.de/~seel/material/vor ws0506/Hume.pdf (letzter Zugriff: 15.04.16)

Jud, Markus: Was ist Demokratie? Grundzüge und Geschichte einer anspruchsvollen Staatsform, Luzern: 2004-2008 In: http://demokratie.geschichte-schweiz.ch (letzter Zugriff: 17.08.16)

Schubert, Klaus/Martina Klein: Das Politiklexikon. 5., aktual. Aufl. Bonn: Dietz 2011, In: http://www.bpb.de/nachschlagen/lexika/17361/direkte-demokratie (letzter Zugriff: 17.04.16)

Literatur:

Höffe, Otfried: Lexikon der Ethik, 7. Aufl. Verlag C.H. Beck München 2008.

Kursheft Ethik/Philosophie, Philosophische Ethik, 1 Freiheit, 1. Aufl. 3. Druck (Hrsg.): Prof. Dr. Brüning, Barbara, Cornelsen Berlin: 2011, S. 22-27.

Pädagogik/Psychologie für das berufliche Gymnasium in Baden-Württemberg, (Hrsg.): Hobmair, Hermann: Band 2, 1. Aufl. Köln 2014, Bildungsverlag EINS GmbH, S. 17-20.